呀，

成语就是历史

第1辑

上古—西周 2

国潮童书 / 著   丁大亮 / 绘

台海出版社

目录

4

治水起家的王朝

舜把位子禅让给了禹。

为什么禅让给他？

因为他治水有功呀！

这算个问题吗？

大禹治水

禹

小学课本里有一篇名为《大禹治水》的文章，
篇幅不长，**两百多个字，**共四段。
前三段是学习成语的好材料，我们一起来看看。
先看第一段——

hěn jiǔ hěn jiǔ yǐ qián　　hóng shuǐ jīng cháng fàn làn　　dà shuǐ yān
很久很久以前，洪水经常泛滥。大水淹

mò le tián dì　　chōng huǐ le fáng wū　　dú shé měng shòu dào chù shāng
没了田地，冲毁了房屋，毒蛇猛兽到处伤

hài bǎi xìng hé shēng chù　　rén men de shēng huó tòng kǔ jí le
害百姓和牲畜，人们的生活痛苦极了。

这一段主要讲洪水泛滥（làn），
我们可以提炼出**四个关于洪水的成语**。

**先看洪水危害
（一）：**

hóng　shuǐ　héng　liú
洪水横流。

这个成语指水从河道溢（yì）出来，四处乱流。这样当然会"淹没了田地，冲毁了房屋"。

禹

救命啊！救救我！

大禹救援

别怕，我来啦！

再看洪水危害（二）：

一个是 **洪水滔天**，
hóng shuǐ tāo tiān

> 意思是洪水激起的浪涛很高，都冲到天上去了。

另一个是 **怀山襄陵**，
huái shān xiāng líng

> 意思是大水包围大山，奔腾直上山陵。"怀"是包围的意思；"襄"指上升至高处。

> 快抓住我的手！

大禹救援

禹

这个程度的洪水直接让地面变成水汪汪的一片，

分不清哪儿是哪儿了！

最后看洪水危害（三）：

hóng	shuǐ	měng	shòu
洪	水	猛	兽

这个成语呈现了 1+1>2 的效果。不但洪水成灾了，还有残（cán）害人的野兽。常用来比喻极大的祸害发生。

再看第二段——

hóng shuǐ gěi bǎi xìng dài lái le wú shù de zāi nàn bì xū zhì
洪水给百姓带来了无数的灾难，必须治

hǎo tā dāng shí yí gè míng jiào gǔn de rén lǐng zhe dà jiā zhì
好它。当时，一个名叫鲧的人领着大家治

shuǐ tā zhǐ zhī dào zhù bà dǎng shuǐ jiǔ nián guò qù le hóng shuǐ
水。他只知道筑坝挡水，九年过去了，洪水

réng rán méi yǒu xiāo tuì tā de ér zi yǔ jì xù zhì shuǐ
仍然没有消退。他的儿子禹继续治水。

洪水的危害都已经给人们带来无数的灾难了，
**鲧（gǔn）还是只用"堵"的方法，
当然不管用了！**

据说鲧因为治水失败，导致族群陷入毁灭的危机中，
鲧死时很不甘心，死了以后，眼睛也不闭合，
身体三年都没有腐（fǔ）烂！

后来**禹出生了！**

禹

再读第三段——

yǔ lí kāi le jiā xiāng yí qù jiù shì shí sān nián zhè
禹离开了家乡，一去就是十三年。这

shí sān nián lǐ tā dào chù bēn zǒu céng jīng duō cì lù guò zì jǐ
十三年里，他到处奔走，曾经多次路过自己

de jiā mén kǒu kě shì tā rèn wéi zhì shuǐ yào jǐn yí cì yě méi
的家门口。可是他认为治水要紧，一次也没

yǒu zǒu jìn jiā mén kàn yi kàn
有走进家门看一看。

这一段几乎就是成语

sān	guò	jiā	mén	ér	bù	rù
三	过	家	门	而	不	入

的解释。

这个成语也叫

guò	mén	bù	rù
过	门	不	入

。

果宅

字面意思是经过家门却不进去。现在经常形容对自己的工作和任务很负责，为了大家的利益而忘记自己。比如，发生地震后，当志愿者的爸爸好几次过门不入，抓紧时间救助受灾的人们。

治水十三年， 禹常年在外，

过着 **栉风沐雨**（zhì fēng mù yǔ）的生活。

这个成语的意思是把狂风当梳子，把大雨当洗澡水。形容人在外面不顾风雨地辛苦奔波。**比如，** 地质学家、植物学家、动物学家们经常在野外做研究，栉风沐雨，真辛苦呀！

这风雨太大了！

禹

禹的双脚常年泡在水里，**连脚跟都烂了。**
他只能拄（zhǔ）着棍子一瘸（qué）一拐地走路。
"禹步蹒跚" 就是形容禹走路缓慢、摇摆的样子。

后来，"禹步蹒跚"变成了

bù　lǚ　pán　shān
步　履　蹒　跚。

形容走路腿脚不方便，歪（wāi）歪倒倒的样子。
有时候在马路上，你会看到满头白发的老人步履
蹒跚地经过。

不过，再辛苦也不能蛮（mán）干！
关于禹治水的办法，在**第四段**有说到，
我们来仔细读一读：

yǔ xī qǔ le gǔn zhì shuǐ shī bài de jiào xùn　cǎi yòng shū dǎo de bàn
禹吸取了鲧治水失败的教训，采用疏导的办

fǎ zhì shuǐ　tā hé qiān qiān wàn wàn de rén yì qǐ　kāi tōng le hěn duō hé
法治水。他和千千万万的人一起，开通了很多河

dào　ràng hóng shuǐ tōng guò hé dào　zuì hòu liú dào dà hǎi lǐ qù
道，让洪水通过河道，最后流到大海里去。

明白了吗？"堵疏（shū）结合，以疏为主"，
就是禹的治水办法。

他是怎么想出这个办法来的？

说法有很多。 第一种：应龙指点。

据说应龙用尾巴**画出了很多像河道一样的线，** 禹从中受到启发。

第二种：山洞奇遇。

一条长角的大黑蛇把禹带到山洞，
洞里一个蛇尾人头的神仙告诉禹治水的方法。

第三种：实地勘（kān）察。

禹迈着蹒跚的步伐，到处**测量和考察地形，**
了解水患的情况，明白了洪水从哪里来，
也知道了要让洪水到哪里去，所以想出了疏导的办法。

你从哪里来？我的朋友……

禹

我从来处来，想往大海去……

以上几种说法，你相信哪一种呢？

当然相信第三种说法，其他都是干扰选项！

禹

在传位给禹前，舜提醒禹不要听信"无稽（jī）之言"，意思是不要听一些没有经过考察和研究的话，就像治水也要先考察和研究一样。

成语　**无稽之谈**　就来自这里，

wú　jī　zhī　tán

指没有根据的话。**你可以这样用：** 大家都认为"太阳从西边出来"是无稽之谈，其实在金星上是有可能的。

确实，第三种说法还有成语

规矩准绳　为证呢！

guī　jǔ　zhǔn　shéng

不管走到哪里，禹始终拿着

规、矩、准、绳

这四样工具。

这个成语比喻说话或做事应当依据的标准、原则。注意"矩"读三声。

规 矩 准 绳

这些才是我的真法宝！

禹

有人说，"规"是圆规，"矩"是曲尺，"准"是水平仪，"绳"是墨线。前两样用来绘图，后两样用来测量。

办法有了，**但实现起来真是困难重重！**
禹治水遇到的**最大难题**来了——
巨大的砥（dǐ）柱山横在黄河中间，
让本来宽阔的河道到了这里就变得很狭（xiá）窄。

不靠天，不靠地！来，兄弟们，给我凿（záo）！

砥柱山

禹

哼，就凭你们！

砥柱山就这样硬生生被凿出了一扇"门"，河道变宽了，黄河得以分流。

这可是治水工程的一大壮举！

人们把这扇"门"叫作**"禹门"。**

黄河的波浪经过时，远远望去，禹门腾起的浪涛像飞向天空的龙。所以禹门又被称作**"龙门"。**

更神奇的是，
鲤（lǐ）鱼们特别好奇龙门另一边的世界，
每年春天都要来这里蹦一蹦。
原来，鲤鱼相信，
只要跳过龙门就会变身为龙。
难怪它们这么努力！

现在 $\begin{array}{|ccccc|}\hline \text{lǐ} & \text{yú} & \text{tiào} & \text{lóng} & \text{mén} \\ 鲤 & 鱼 & 跳 & 龙 & 门 \\ \hline \end{array}$ 这个成语

用来比喻考试获得好名次、职位上升等好事。还可以形容逆着水流前进、奋发向上的人。

砥柱山也有一个属于它的成语——

zhōng	liú	dǐ	zhù
中	流	砥	柱

现在大家用它来形容在艰难环境中，能承担重任、支撑危局的超群人物。**你可以这样用：** 作为学校辩论队的种子选手，这次的全国辩论大赛，我一定要发挥中流砥柱的作用。

如果禹是条鲤鱼，**他一定是跳过龙门的那条！**
这不，禹因为治水有功，继承了舜的位子，做了"后"。

夏

禹

中国历史上的
第一个王朝——夏诞（dàn）生了！

舜

夏朝君主活着的时候叫"后"，死后叫"帝"。商朝的君主活着的时候叫"王"，死后也叫"帝"，而"后"变成了君主妻子的称号。周朝的君主也叫"王"。

夏后禹果然不错！他跟尧、舜一样善于听取大家的意见。

而且禹更有创意——
鼓、钟、铃、磬（qìng）、拨浪鼓全用上了！

这就是 **五音听治（wǔ yīn tīng zhì）**。

让我听到你们的声音！

禹

五音乐队

禹发布了这样一个命令："拿'道'指教我的请击鼓，用'义'教诲我的请敲钟，有需要解决的事要告诉我的请摇铃，有忧患的事想告诉我的请击磬，有官司诉讼（sòng）的请摇拨浪鼓。"

就这样，禹把夏朝治理得很好，他的威望也越来越高。他在涂山召开大会，

很多部落向禹**进献了当时最珍贵的青铜。**

禹用青铜造了九只大鼎！

这九个鼎可不是乱造的！

它代表了禹划分的九州，象征着天下统一。

我造了九只鼎！

禹

后来，九鼎就成了统治者权力的象征，夏商周三代都把它奉为**传国神器。**

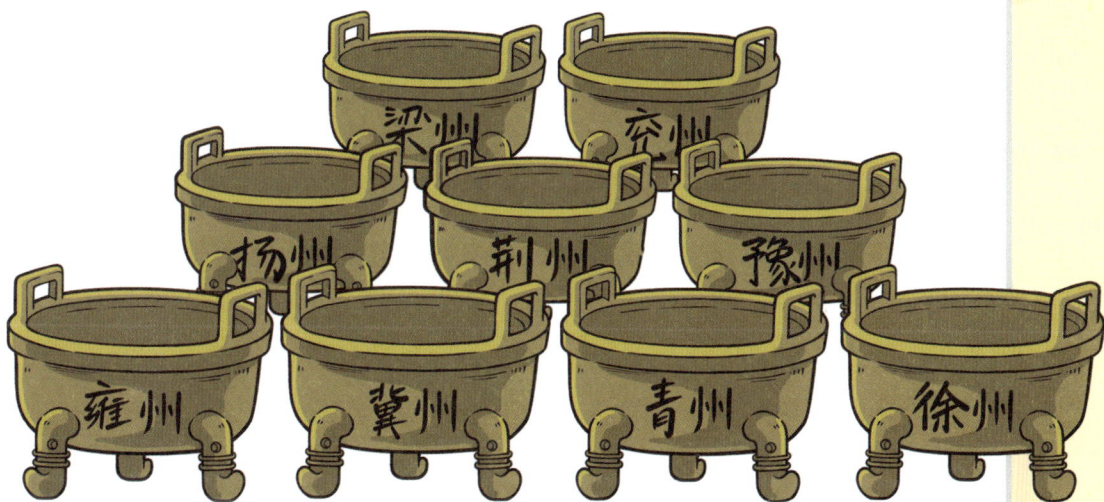

梁州　兖州
扬州　荆州　豫州
雍州　冀州　青州　徐州

现在有很多跟"鼎"有关的成语，比如，

yī	yán	jiǔ	dǐng
一	言	九	鼎

就是说一句话的分（fèn）量有九个鼎那么重。形容能起决定作用的话。

dà	míng	dǐng	dǐng
大	名	鼎	鼎

指名声很大。

dǐng	lì	xiāng	zhù
鼎	力	相	助

意思是请别人大力帮助自己。

禹造的九鼎现在还在吗？

禹曾留下遗嘱（yí zhǔ）："九鼎存，天下定；九鼎失，天下分。"夏朝之后的商朝和周朝都有明确的文字记载，要后人好好守护九鼎。九鼎在夏商周三代传了近两千年。

后来周朝的国力越来越弱，国内的大臣们成了诸侯，各自管理一片地方。诸侯的实力强大了，他们都想要拿到这九个鼎，让自己成为"命定"统一天下的人。南方楚国的一个诸侯带着军队跑到周天子那儿，问他鼎的重量是多少。西边秦国的诸侯更有意思，他一看到这些鼎就很喜欢，想带回国内给大家炫（xuàn）耀一下。谁知道他用尽全身力气举鼎，才举起了一点点。鼎太重掉下来，把他的小腿骨给砸（zá）断了。后来他流了太多血，死了。

虽然最后还是秦国统一了天下，但是九鼎已经不见了。一种说法是九鼎沉没在彭城的泗（sì）水之下。可秦始皇派了几千人下水打捞（lāo），什么也没捞到。

另一种说法是周朝最后的皇帝知道自己保不住九鼎，国家又没有钱，只好熔（róng）了九鼎来铸（zhù）铜钱，对外就说九鼎丢了，不见了。还有一种说法是他知道国家没钱，自己死的时候没有东西陪葬，于是就把九鼎陪葬了。这样陪葬品有了，九鼎也不会被人抢走。

治好了洪水，铸（zhù）好了九鼎，划分了九州……
禹做了这么多事，他也慢慢地老了。

又到了选接班人的时候了。

选谁好呢？禹准备禅让给伯益。

这个位子给你留着！

禹

伯益

伯益也是对夏朝有功的人，本来这个后当定了，
可他学禹谦让的美德，在禹去世三年后，
对大臣们建议**让禹的儿子启来当后。**

结果……

能取得今天的成就，全靠我个人的努力……

启

伯益

受禅盛典

传说禹的妻子女娇在怀孕时变成了石像。后来石像的肚腹应声开启，一个男婴降临人世。所以"启"这个名字是指"启石而生"。

大臣们一瞧，连忙跪下一拜，

启就这样

shùn shuǐ tuī zhōu
顺 水 推 舟

地当上了夏后。

成语"顺水推舟"比喻顺着趋（qū）势或方便来说话办事。**比如，**你和好朋友吵架后，好朋友先道了歉，你就顺水推舟地和他和好吧！

这个从石头里蹦出来的孩子，他要开启什么呢？
他开启了王位的"世袭制"！

原来让来让去的"禅让制"被废除了，
从此"公天下"变成了"家天下"。

哈哈，以后天下都是我们家的！

启

这样的变化催生了两个成语。

tiān xià wéi gōng
天 下 为 公

指不把王位当成一家的私有，也指天下的一切都属于人民。

tiān xià wéi jiā
天 下 为 家

则是指君王传位给儿子，把天下当作一家的私有。

"天下为家"还有一种说法：

泛指处处可以为家，不固定居住在一个地方。

一个大侠背着一箫（xiāo）一剑，浪迹江湖，四处为家……

你是不是也梦想过当一个天下为家的侠客呢？

启之后，夏后的权力越来越大，日子越过越好，

花起钱来也就越来越不考虑！

其中最折腾的，要数最后一代夏后桀（jié）。

没错，就是我！叫我"阔气大佬"！

桀

?!

史上第一位暴君登场！

暴君？这么不靠谱吗？是的！

他可是**将吃喝玩乐这件事"玩出"了新高度！**

ròu	shān	fǔ	lín
肉	山	脯	林

就是形容桀随意花钱，过着豪华生活的专用成语。

"脯"是肉干的意思。你看，把肉堆成了山林，够阔气吧？

桀的元妃——妺（mò）喜也没少帮桀祸害百姓。

妺喜喜欢听绸（chóu）布撕（sī）裂时发出的声音，桀就天天让人扯绸布来满足她。桀还不断地修建豪华宫殿，百姓一年到头都要不停地给他干活。

大家恨桀恨得牙痒痒，桀却得意地宣称自己就像太阳一样拥有天下，

太阳毁灭了，他的天下才会灭亡。

啊，我的太阳！

桀

百姓听了气得大骂：

你这个太阳赶紧灭亡吧！
我们情愿和你
一起去"死"！

有你没我！

这句话变成成语，就是

shí　rì　hé　sàng

时　日　曷　丧。

形容痛恨到极点。字面意思是"这个太阳什么时候灭亡呢"。表示有你没我，有我没你，你和我不能共存。

"桀"字最开始有"杰"的意思，后来却成了凶暴的代称。

jié	ào	bù	xùn
桀	骜	不	驯

这个成语比喻凶暴、不驯服，或者倔强（jué jiàng），不受管束。"骜"指马不听话。你有没有在动物园看过马？看，那些原本桀骜不驯的马儿，在饲养员的指挥下乖乖听话，有的还让小朋友骑着溜圈儿呢！

当然，最后这个"毒太阳"还是被收拾了，夏朝灭亡了。不过夏朝的建立对我们的影响一直存在——

现在我们自称为**华夏儿女。**

早在《尚书》中就有"华夏"这个词。"夏"最早指夏朝的领土，后来演变为"华"，"中夏"也就成了"中华"。一开始，"华夏"指的是中原地区，后来扩大到全中国。

"中华民族" 这个称呼，

是夏朝留给我们**最好的礼物！**

5

甲骨文与"封神榜"

收拾夏桀这个"毒太阳"的人
是商部族的汤！

看我怎么收拾你！

桀

汤

我要做一碗（wǎn）爱心浓汤给大家。

汤

汤的优点就是仁爱！

汤

来，先听一个
汤的爱心故事。

一天，汤看见一个猎人在**林子的东南西北**
四个方向都放置了网捕鸟。

好家伙，这是要一网打尽呀！

**可是汤觉得这样太过分了，
就撤（chè）去三面，只留一张网。**

不放网你养我呀？

汤

我给你煲（bāo）汤呀！

这个故事就是成语 | wǎng | kāi | sān | miàn |
网 | 开 | 三 | 面 | 的由来。

后来，这个成语传着传着就变成了

| wǎng | kāi | yī | miàn |
| 网 | 开 | 一 | 面 |

我们一般在犯了错误，
请求别人宽恕（shù）或宽大处理时会用它。

棉花糖快到我嘴巴里来！

当然，现在就剩下一面网了，如果鸟儿还要留下来，

zì tóu luó wǎng

就是 **自投罗网** 了。

撤网是件小事，但影响巨大！

事情很快就传到各部落首领们的耳朵里，
他们聚在一起议论：汤对小鸟都这么友爱，
对我们应该会更好吧！不久，就有多个部落加入了商的部族。

没费一个兵就征服了这么多人，厉害！

我保证以后人人有汤喝！

汤

人们将温泉称为"汤"，"泡汤"就是泡温泉。有时候，我们形容计划落空或事情办砸，也会用"泡汤"这个词。

汤的宽厚仁爱使原先实力平平的商部族逐渐强大起来。

后来，汤联络周围的部族，**起兵灭了夏，建立了商朝。**

商朝有两样"东西"传到了现在——
甲骨文和"商人"。

**商朝人爱占卜（zhān bǔ），
就有了甲骨文。**

骨头可以刻字。

汤

我来解释一下，"占卜"是一种用龟壳、蓍（shī）草、铜钱等道具，推断将来吉凶祸福的手段。有点儿像"算命"。商朝人用文字把占卜的事情记录在龟甲或兽骨上，这种文字就叫甲骨文。

商朝人爱做生意，就有了"商人"这个职业！

还有好多和商人有关的成语呢！

比如

zuò	gǔ	xíng	shāng
坐	贾	行	商

10元 3元 5元 8元 8元

泛指经商的生意人。在古代，"贾"是指有固定的铺（pù）面卖东西的人，"商"是指流动着卖东西的人。

fù	shāng	dà	gǔ
富	商	大	贾

指拥有大量钱财的商人。

瞧一瞧，看一看呀！

汤

王亥

华商始祖

商丘—保定

商部族的第七代首领王亥（hài）发明了牛车。他用牛车拉着货物到其他部族去交换东西，开始了最早的贸（mào）易活动。从王亥开始，商族人给大家的印象就是驾着牛车做生意的人。渐渐地，人们把做生意的人叫"商人"，用来买卖的物品叫"商品"。王亥也就成了人们心中的"华商始祖"。

汤建立的商朝延续了五百五十多年，比夏朝长八十多年。

汤的王位传承了十七代，三十一个王。

其中有几位王，你必须要认识一下。

先介绍两位——

会搬家的**盘庚**（gēng）和不说话的**武丁**。

出发！

不想说话，我还是继续潜水吧！

盘庚

武丁

先说会搬家的盘庚。

为了整顿朝政、复兴国家，盘庚决定迁都到殷（yīn）这个地方。这个决定本来是没错的。可你要知道，到盘庚上位时，

商朝人已经迁都十多次了！

迁都这事，大家一听就烦！

商

盘庚

大家私下里意见也很大！

我二侄子你老姑父，前阵子刚承包了全村的鱼塘……

最近的"热搜"都是关于迁都的话题……

以前你父亲和你哥在位时都是听大伙儿的……

怎么办？盘庚有办法！

办法一：警告——

"你们那点小心思，我可看得清清楚楚！"

有多清楚呢？《尚书》里说了："予若观火。"
小火苗在你眼前晃，你还看得不清楚吗？

于是就有了 **洞（dòng）若（ruò）观（guān）火（huǒ）** 这个成语。

意思是看事物就像看火那样，观察得十分明白透彻。**比如，**上课的时候，你和同学在下面传小字条，讲台上的老师洞若观火，一下就发现你们的小动作了。

办法二：安慰——

"只要听我的话，一切都不会错！"

还是在同一本书里，记载着盘庚告诉大家的话：

"若网在纲，有条而不紊（wěn）。"

成语	yǒu 有	tiáo 条	bù 不	wěn 紊

就是从这里来的。

意思是做事有条理、有次序，就像线横竖牢牢结在总绳上，不杂乱。**你可以这样用：** 妈妈真能干，就算做一大家子的年夜饭也是做得有条不紊的。

你们看，当一条一条的线被有规律地编织成一张网，**乍一看就像是许多"井"字。**

因此又有了成语

jǐng jǐng yǒu tiáo
井井有条。

jǐng rán yǒu xù
也可以说 **井然有序**。

这两个成语和"有条不紊"是近义词，都是形容说话和做事有条理，有次序，不混乱。你写作文的时候可以换着用。

经过盘庚的努力，迁都殷成功了！

嘿，殷这个地方真是块宝地——
交通便利，土壤还好，既适合贸易又适合农耕。
从此商朝人在这里定居了两百多年，直到亡国。
因此后人也用"殷"来称"商"，或者合称为"殷商"。

还是大王有眼光!

盘庚

殷商

现在，要讲不说话的武丁了。

武丁刚上位时很奇怪，竟然"三年不言"！

大王，您真的不给点指示吗？！

武丁

?

其实武丁是在观察，在思考。
没有看清，没有想好，
他可不会轻易发表意见和看法。
请你注意，"三年不言"里的"不言"
不是真的不说话，而是指武丁不主政，
也不下命令。**三年后，**
武丁准备好了，
大臣们都等武丁开口——

汤

我做了个梦，梦见了汤。
他叫我在山野中找个建墙的
奴隶（nú lì）来做大官。

武丁

**三年不开口，
开口说梦话！**

结果，他还真找到一个叫傅说（yuè）的奴隶（nú lì），
而且傅说确实很有本事。找到傅说的那个地方叫傅岩，
所以成语

fù	yán	fǎng	xián
傅	岩	访	贤

比喻求贤。

治国呢，武丁有傅说这个得力助手；
打仗呢，武丁自己不行，但他的老婆**妇好**（fù hǎo）挺厉害的。

算起来，妇好应该是**中国历史上第一位女将军。**
她帮武丁把不听话的部族收拾得服服帖（tiē）帖的。
武丁在位五十九年，他使商朝更强大了。

分工合作，干活不累！

妇好　　武丁　　傅说

汤、盘庚、武丁都这么厉害，在商朝的"君王实力榜"上，
绝对能排到前几名。而商朝的亡国之君——
纣（zhòu）**王不仅"有名"，还令人痛恨！**

纣
王

纣王的一生可"精彩"了：

当了王，
亡了国，
封了神！

我才是商朝"男一号"！

纣王并不叫"纣"，他的名字是**帝辛**，
"纣"是后人送给他的"恶名"。
以前"纣"和"仇"读音相近，
估计人们都很仇恨他吧！

现在，经常有人把《封神榜》
拍成电影、电视剧，
于是纣王这恶名
大家都知道了。

耻辱柱

纣
王

恶人！

坏蛋！

坏人！

《封神榜》是什么榜？

　　《封神榜》也叫《封神演义》，是一部神魔小说，内容非常精彩，能和古代四大名著之一的《西游记》相比呢！作者是明代的许仲琳（zhòng lín）（有争议）。《封神榜》共一百回，前三十回主要写纣王的暴虐（nüè），害得百姓都活不下去了；后七十回主要写商、周的战争。

　　在《封神榜》中，用来封神的宝物就是"封神榜"。"封神榜"封了多少位神仙呢？书里说是三百六十五路正神，刚好凑够一本日历。但也有人说不止这么多，并在书里找到了证据。

　　为什么要封神？据说一个重要的原因是神仙们过着逍（xiāo）遥快乐的日子，都不愿意去天庭干活。昊（hào）天上帝（商周时期掌管天庭的神仙）为了让那些有本事的神仙都服管，同时也为了补充一些做事的神仙，特地"导演"了一场商周大战，用"封神榜"这件宝物把战争中表现突出的人封为神仙。

　　纣王是《封神榜》里的一号大反派人物，最后他也被封了神。

纣王到底有多暴虐呢？

第一：纣王是"升级版"的夏桀！

估计商朝的生活水平比夏朝高，商朝人特别爱喝酒。
纣王造了个能开船的酒池，在酒池旁挂上各种干肉、鲜肉，
直接把夏桀的"**肉山脯林**"升级成了

jiǔ	chí	ròu	lín
酒	池	肉	林

这个成语现在指胡乱花钱、整天享乐、不做正事的生活。
也形容酒肉极多，聚会或宴席特别奢（shē）华。

光有大酒池和肉怎么够？
音乐也必须安排上！

酒池肉林里的音乐软绵绵的，
人们听着听着就精神恍惚（huǎng hū）了。

后来大家用

mǐ	mǐ	zhī	yīn
靡	靡	之	音

来指这类让人失去斗志，使人精神不振的音乐。

纣王和妲（dá）己一边听音乐一边跳舞，
陶醉（zuì）得不得了。这些音乐可是纣王逼着中国历史上

第一位乐神——师延（yán）创作的

běi	bǐ	zhī	yīn
北	鄙	之	音

。

随着商朝灭亡，"北鄙之音"也就被大家
看作亡国之声了。

师延

妲己

纣王

其实，纣王也不是一开始就这么坏的。

最开始他只是请工匠做了**一双象牙筷**（kuài）**子**。
可是他的叔父箕（jī）子看到后却产生了巨大的恐慌——

一双象牙筷子等于
一个国家的灭亡！

"灭之"

豪华宫殿

好酒好菜，精美服饰

犀牛角做的杯子，玉做的碗

象牙做的筷子

箕子

箕子的这种担忧就叫作

xiàng	zhù	zhī	yōu
象	箸	之	忧

。

而象牙做的筷子配美玉做的杯子，就有了成语

xiàng	zhù	yù	bēi
象	箸	玉	杯

。

不用说你也知道，这个成语形容生活非常豪华、浪费。

厉害！ 通过一双小小的象牙筷子，
箕子就能预见将来纣王尽情享乐的情形。

成语

jiàn	wēi	zhī	zhù
见	微	知	著

就是形容箕子这种看到一点苗头，就知道事物发展趋势的能力。科学家要有见微知著的本领，才能发现别人没注意的迹象，并产生联想，进行思考。

箕子在历史上是个人才，春秋时的圣人**孔子**说

yīn	yǒu	sān	rén
殷	有	三	仁	，

就是指纣王时期的**微子、箕子**和**比干**（gān）。

从孔子的话中可以看出，这三人都是贤能、有本事的人。
可惜他们三人说的话，纣王一句也不听。
他们的结局也是**一个比一个惨——**
微子早早地逃跑了；箕子当了奴隶，后来他故意装疯，
却还是被囚（qiú）禁了；那比干呢？

这就必须说到**第二点：**

纣王是血腥（xīng）的杀人机器！

比干是商朝的贵族，按辈分来算，他还是纣王的叔叔呢！
比干经常在上朝的时候公开批评纣王，因此纣王很讨厌他。
可再讨厌也不能挖比干的心呀！
可见纣王有多残暴！

挖了你的心!

纣王

啊,我的心!

比干

对于这件事情,《封神榜》里是说妲己装病,
需要一颗**七窍**（qiào）**玲珑**（lóng）**心**做药。
于是纣王叫来比干,取了他的七窍玲珑心。

qī	qiào	líng	lóng
七	窍	玲	珑

现在,成语

形容人十分聪明灵巧。"窍"是孔洞,常比喻事情的关键,
如"开窍""诀（jué）窍"等。"七窍"指人的眼耳口鼻。

不管是因为什么而挖心，**纣王害死比干是事实。**

如果你看了《封神榜》，就知道纣王的杀人手法多得很，

残忍的炮烙（páo luò）之刑就是他的"发明"。

没人性！简直不是人！

说我坏话，看我不
把你撕碎！撕碎！

纣王

《封神榜》把商纣王塑（sù）造成了一个纯粹（cuì）的大坏蛋。但历史上还有另一种说法，认为纣王其实很有才干，他多次派兵征讨不服管的东夷（yí）。虽然战争取得了胜利，但他把国家掏空了，国力下降，这才被周人推翻了统治，最后导致灭国。

但孔子骂纣王是

yī	qiào	bù	tōng
一	窍	不	通

！

意思是只要纣王通了一窍，就不会害比干。后来"一窍不通"指一点儿也不懂。如果你有朋友体育成绩超好，却对数学一窍不通，你要多帮助他"开窍"呀！

纣王很坏，他周围有奸臣崇（chóng）侯虎。

崇侯虎只要听到有人议论纣王的不好，
哪怕别人只是叹了口气，
他也呼啦呼啦地跑去跟纣王告状。

成语

zhù	zhòu	wéi	nüè
助	纣	为	虐

就是说崇侯虎这种帮助坏人干坏事的行为。

纣王的罪状多到什么程度呢？
这么说吧，如果一枚铜币（bì）代表一条罪状，
用一根绳子来穿，表示"罪状"的铜币可以穿满整条绳子！

è guàn mǎn yíng
恶 贯 满 盈

形容罪恶极大，已经到了要受惩罚的程度了。古代的帝王再坏也没人惩罚，但现在不同，法律会给那些恶贯满盈的人应有的惩罚！

商朝时没有铜钱，大家用贝壳当货币。后来，人们造出方孔钱币，把钱币穿在绳子上，每一千个为一贯。"贯"就成了古代的货币单位之一了。

这个成语和纣王的暴行还真配！

这些罪状我都不认！要打就打！

纣王

打就打吧！ 周部族的首领周武王姬发领大军一路东进，向当时商朝的都城朝（zhāo）歌而来！

牧（mù）野之战开打了！

周武王本来只有五万士兵，结果一路走，一路都有人来投靠，最后形成了**一支声势很大的联军。**

我们是棕（zōng）熊！我们是猛虎！
去堵纣王家门口！

周武王

qián gē hòu wǔ

他们的军队 **前 歌 后 舞**。

什么？打仗还要唱歌跳舞？办文艺晚会吗？哈哈，不是！

其实"前歌后舞"是指军队齐声高歌，鼓舞士气，勇猛前进。

反叛的大军突然打来，纣王的身边却没多少士兵，
他急得团团转。纣王只好把身边的奴隶啊，
战俘（fú）啊，还有各种人，**组成一支杂牌军，**
把他们作为先锋部队匆忙送上前线应战。

我不想打仗……

我想打纣王！

我讨厌给纣王打仗！

打纣王？有志气！

这支杂牌军说到做到，他们一上阵就纷纷举着戈（gē）啊矛啊，

转过身来杀向纣王的军队！

被反杀了！ 纣王没想到吧？

杂牌军都恨透了纣王，巴不得他早点死。

杂牌军的这种行为就叫

dǎo	gē	xiāng	xiàng
倒	戈	相	向

。

"戈"是古代的一种兵器，用青铜或铁制成。"倒戈相向"的意思是把武器掉过头对准自己这一方。比喻帮助敌人反过来打自己人。

自己人倒戈相向，敌人来势凶猛，

纣王又和百姓离心离德，

失败已成定数了！

lí　xīn　lí　dé

离心离德

这个成语的意思是思想、信念不一致。"心"和"德"指心意。

和自己的军队都不是一条心，纣王怎么可能赢？最后，他只能登上自己造的鹿台，放一把火，**让火焰带走他和他的罪恶。**

纣王

请勿模仿
危险动作

6

礼乐诗书周王朝

纣王死了，**可周武王姬发还不肯放过他！周武王朝纣王的尸体射了三箭！**

一支替我哥射的！一支替我爸射的！还有一支是我射给你的！

原来，纣王不但杀害了周武王的哥哥，
还骗了周武王的父亲姬昌（也就是周文王）。
姬昌知道纣王心肠歹（dǎi）毒，只能受骗。
纣王这才放走了他。

当然，这是《封神榜》里说的。

其实纣王忌惮（jì dàn）姬昌很正常，
因为姬昌确实有真本事。
据说他认真钻研，把从伏羲手上传下来的八卦扩为
六十四卦，还为每一卦写了对应的解释，
形成了古经**《周易》**。

姬昌被纣王放回去后，开始做**灭商的准备工作。**

他每天忙着处理公务，连饭都顾不上吃。

司马迁在《史记》里用**"日中不暇（xiá）食以待士"**

这句话来夸他。后来，有人把这句话说成"日不暇给"。

rì	bù	xiá	jǐ
日	不	暇	给

意思是事情太多，忙得整天都没有空。"暇"是空闲的意思；"给"指足够。

您的外卖到了，是三天三夜都看不完的文件！

外卖箱

姬昌

mù　bù　xiá　jiē

目 不 暇 接

顺便提一下，还有个成语叫 **目不暇接** 。

你知道它的意思吗？

就是指眼睛很忙，看不过来了。**你可以这样用：**
九寨（zhài）沟的美景太多了，让我目不暇接，
恨不得多生一对眼睛！

白天不吃饭，晚上不睡觉！

姬昌不只有"工作勤奋"这一美名，还有个美名是

lǐ　xián　xià　shì

礼 贤 下 士

"礼贤"指对有德有才的人以礼相待。"下士"是降
低自己的身份结交有见识和能力的人。这个成语指帝
王或大臣做出尊重贤人的样子，来招揽（lǎn）人才。

看看姬昌是怎么对姜子牙的吧！

（姜子牙姓姜，吕氏，名尚，字子牙，号"飞熊"，
尊称"太公望"。所以大家也叫他姜尚或姜太公。）

姜子牙是个大人物！

他在《封神榜》里可厉害了，捉妖打怪就没有不行的，
最重要的是他还管封神！

那历史上的姜子牙是什么样子的呢？

姜子牙开过肉铺，卖过酒米，生意一直不怎么样。
他年纪一大把了也没发财，日子过得好难呀！

虽然没钱，但姜子牙**还是坚持学习，**
天文、地理、军事、治国一样都不落下，
更没有放弃自己的理想。

姜子牙

要是能钓到一条超
级人鱼就好了……

鱼饵 (ěr) 都没有，
能钓到什么大鱼呀？

这天，远在周部族的姬昌做了一个梦：
一只长着翅膀的熊飞到他的怀里。
姬昌醒来后一占卜，原来这是要他出去找贤臣呀！
于是姬昌一路苦寻，终于找到了天天在渭水边
钓鱼的怪老头——姜子牙！

嘿嘿，我的"大鱼"要上钩了！

姜子牙

姬昌

这就是

jiāng tài gōng diào yú
姜太公钓鱼，

yuàn zhě shàng gōu
愿者上钩。

现在人们还常用

tài gōng diào yú
太公钓鱼，

yuàn zhě shàng gōu
愿者上钩

来比喻完全愿意落入别人的谋划（móu huà），不会后悔。
比如，他在学校的跳蚤（tiào zao）市场摆摊，既不吆喝也不主动推销，完全是"太公钓鱼，愿者上钩"呀！

姬昌遇到姜子牙的时候，两人的年龄到底是多少，
目前为止没有人知道，但他们肯定都不年轻。

据传说，两人都一大把年纪了，
姜子牙居然还让姬昌背着自己走！

一步……两步……三步……

姜子牙

姬昌

请人做官，还得背回去，姬昌够礼贤下士了吧！
走了八百步，姬昌把姜子牙放下来歇（xiē）会儿。
姜子牙突然说——

姜子牙钓了"大鱼"，当了大官，
他要离婚的老婆马氏哼哧（hēng chī）哼哧地跑回来**求原谅。**

马氏哭也没有用，谁让她这么势利眼呢？后来她在《封神榜》里被封了"扫把星"。

泼出去的水，怎么收得回呢？

成语　fù shuǐ nán shōu　覆水难收

就来自这里。

比喻事情已经这样了，无法挽回了。所以，好朋友之间闹矛盾千万别骂人，说出的话可是覆水难收。你不想友谊的小船翻掉，就一定要注意。

姬昌的**贤德**与纣王的**暴虐**

形成了巨大的对比。

于是人才纷纷来投奔（tóu bèn）姬昌。

除了姜子牙，楚人鬻（yù）熊、商臣辛甲，还有孤竹国连王位都不要了的伯夷和叔齐都来投奔和辅佐（fǔ zuǒ）他。

之后诸侯们也纷纷归顺姬昌。

即使有一些不听话的小国，交战一次，他们就服软了。

据说，如果把当时的天下分作三份，

姬昌已经占了两份了！

可惜，姬昌没多久就病逝（shì）了！

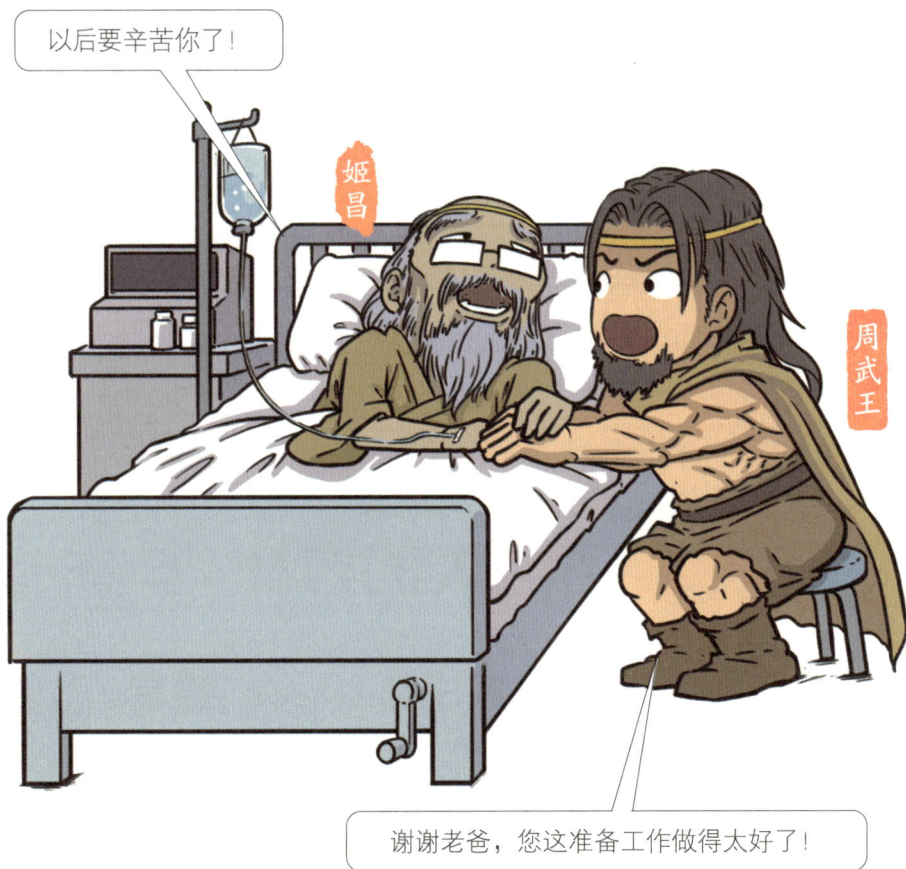

以后要辛苦你了！

姬昌

周武王

谢谢老爸，您这准备工作做得太好了！

周武王接着干。经过

xuè liú piāo chǔ
血 流 漂 杵

的牧野一战，**周武王完成了伐纣灭商的大业！**

这个成语简单说就是血多得成了河，连武器都漂浮起来了。一般用来形容战争的残酷。

现在，周武王连纣王尸体都射了三箭，应该解恨了吧？纣王的人都吓得直哆嗦（duō suo）！

该怎么处置他们呢？ 周武王去问姜子牙。
姜子牙没有直接回答他，而是打了个比方。

你要是爱一个人呀，就连飞到他家的乌鸦都会喜欢。

那要是恨一个人呢？

我们惨了……

周武王

ài wū jí wū

爱 屋 及 乌

这个成语就出自姜子牙说的这段话，比喻因喜爱一个人而连带喜欢和这个人有关的事物。

姜子牙想要杀了纣王的人。

但是周武王和他的父亲姬昌一样仁德， 并没有杀掉他们，而是让纣王的儿子武庚继续做商王，管理商地。**箕子也被周武王放了出来。**

周武王建立周朝，定都镐（hào）京，史称西周。

周武王不想打仗了，要"**归马于华山之阳，放牛于桃林之野**"。

他的理想是把周朝打造成一个人人都爱的**和平盛世**！

于是，周朝的兵器都被改铸成农具，战马都被放走，士兵都回去当农民。

现在，成语

mǎ	fàng	nán	shān
马	放	南	山

用来比喻天下太平，不再打仗了。**你可以这样用**：真希望世界不再有战争，所有国家都能刀枪入库，马放南山。

这样美好的周朝谁不爱呢？
还真有人不爱！

投奔姬昌而来的伯夷和叔齐说，他们再也不想做周朝的子民了。原来这对兄弟一直反对周武王讨伐纣王。

他们拦住周武王的马死命相劝——

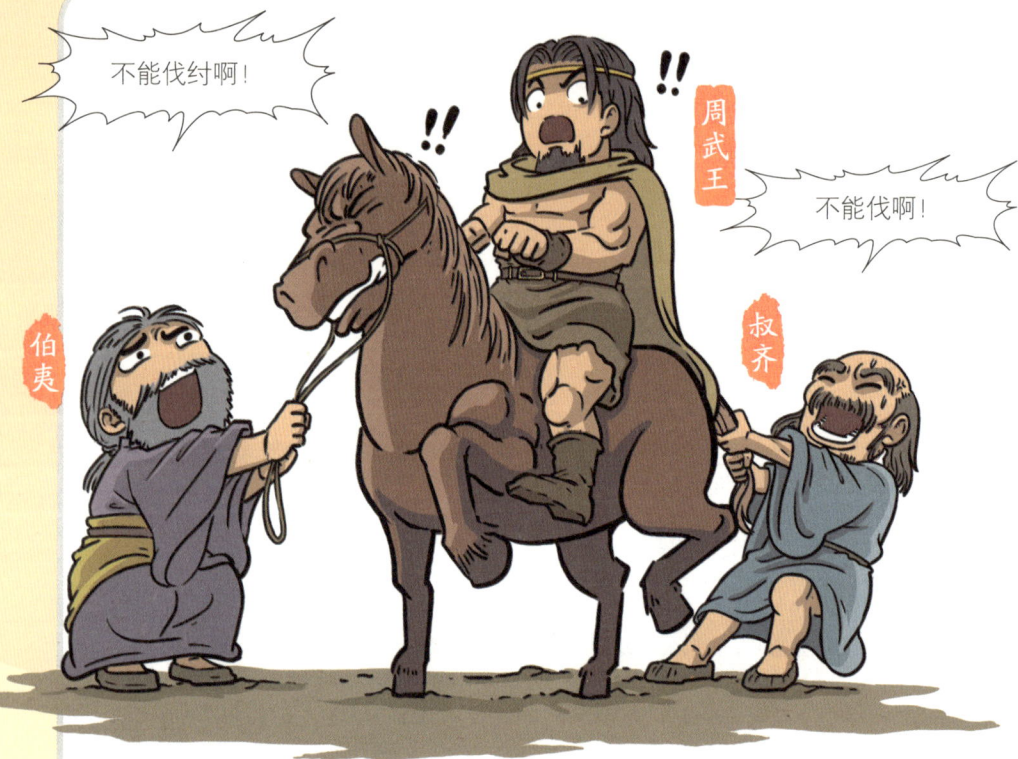

不能伐纣啊！

周武王

不能伐啊！

伯夷

叔齐

这就是

kòu mǎ ér jiàn

叩 马 而 谏。

可周武王才不会听呢！

在周武王灭掉商朝，建立周朝后，伯夷和叔齐绝食抗议！
他们再也不吃周朝土地上的任何一粒米，
只在首阳山里采野菜充饥。**可是冬天没野菜呀！**
他们最后饿死在山里。

成语 **不食周粟**（bù shí zhōu sù）就是这样来的。

现在这个成语常比喻忠诚坚定，不会因为生活艰难而为敌人做事。

伯夷和叔齐饿肚子的故事，写在了一首《采薇（wēi）》诗中。你要是感兴趣可以找来读一读，看看他们到底是怎么想的。

周朝建立才两年，周武王就去世了。
可即位的周成王姬诵（sòng）还没成年。没办法，武王的理想只能靠弟弟周公姬旦（也称周公或周公旦）帮忙实现了！

周公很厉害吗？有学者这样评价周公：

"孔子之前，黄帝之后，于中国有大关系者，周公一人而已！" 可见周公的影响力有多大！

对了，现在还有本书叫《**周公解梦**》呢！

周公真的会解梦吗？

　　周公会打仗，会治理国家，会制定礼乐……他会的太多了。但他会不会解梦，我还真不确定。

　　在圣人孔子的心目中，周公是圣人中的圣人。孔子经常梦见周公，在梦里向周公请教、学习。他还总是用聊（liáo）起"偶像"的口吻（wěn），开心地和别人说自己梦到周公的事情。如果有一段时间没有梦见周公，孔子会感叹自己老得太厉害了。于是周公和梦联系在一起，产生了

mèng	jiàn	zhōu	gōng
梦	见	周	公

这个成语。据说，后来有个姓周的人写了本解梦的书，他想借周公的名气让书好卖一点，就把这本书取名为《周公解梦》。哈哈，知道利用"明星效（xiào）应"，这个人真机灵呀！

> 做梦了？要不要我帮你解下梦？

周公

周公肯定没想到，他一上台就要打仗了！
周武王的另外几个弟弟不服周公，联合纣王的儿子武庚，
又纠集了东夷部族，**起兵反周了！**

周武王

他们也太小看你了，以为你只会解梦呢！

这梦做大了，看我马上碾（niǎn）碎它！

周公

周 奄 商 徐 熊

这次反周的国家里，有一个叫"奄（yǎn）"的国家。
据说奄国人会做腌（yān）菜。现在山东和东北一
带的人自称"俺（ǎn）"，也跟古奄国有关呢！

周公没有犹豫（yóu yù），立马率（shuài）军东征了！

这一仗一直打到海边，一打就是三年。

最后，周公不仅平了叛乱，**还征服了五十多个国家。**

周朝的天下这才算真正安定了。

为了让国家长期稳固，周公把同姓族人和功臣封到各个地方，让他们成为一方土地的领导者，拱卫周天子。

周武王

自家人更靠得住，多封几个！

周公

不错，这样安全多了！

"封"是划分土地，"建"是建立国家。周武王建立周朝后实行分封制度，给子弟和功臣分土地，让他们建诸侯国。姜子牙的功劳最大，封在齐地。不过，天下之主可不是这些诸侯，而是周天子！

周公这一封，七十一个诸侯国里，姓姬的就有五十三个。于是结果就是

sì	hǎi	zhī	nèi	jiē	xiōng	dì
四	海	之	内	皆	兄	弟

。

这个成语指天下的人都像兄弟一样，亲如一家。**比如**，快要毕业了，想到马上要分别，大家都很难过。这时你可以劝大家，四海之内皆兄弟，以后兄弟会更多的！

这回是真不用打仗了！
周公一心扑在工作上，他和他老爸周文王姬昌一样勤奋工作，**白天黑夜连轴**（zhóu）**转。**

	yè	yǐ	jì	rì
成语	夜	以	继	日

就是赞扬他这种日夜工作的精神。你的爸爸加起班来，是不是也是夜以继日呢？

周公不仅工作努力，还很有目标，

他要求自己每一天都有进步。

这种态度用成语来说就是

rì	jiù	yuè	jiāng
日	就	月	将

，

后来演变成

rì	jī	yuè	lěi
日	积	月	累

。

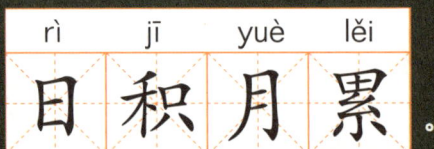

意思是一天天地不断积累。很多事情不是一下子就能做好的，比如背诗歌。一口气背完《唐诗三百首》很难，可你要是每天背一首，日积月累，不到一年就能把这本书背完啦！

有人来找周公，他如果正在洗头发，
就把头发绾（wǎn）起来马上去见；
他如果正在吃饭，就把嘴里的饭吐出来立刻去见。
据说他经常"**一沐三握发**""**一饭三吐哺**（bǔ）"。

成语 **握发吐哺**（wò fà tǔ bǔ）和 **周公吐哺**（zhōu gōng tǔ bǔ）就是这样来的。

它们都比喻为招揽人才而操心忙碌（lù）。

周公

周公

后来，三国时的曹操写了一首《短歌行》，其中有一句"周公吐哺，天下归心"。看来他也想学周公招揽人才，一统天下。

周公连续辅佐了周成王和周康王两代君王，
造就了中国历史上**第一个有记载的盛世——**
成康之治。

其实周公最大的贡献是制定出了一套**礼乐治国制度。**
这套制度既有仪式感，又很管用。

天子与大臣之间怎么相处？父母与孩子之间怎么相处？
制度都规定得清清楚楚的。据说在周公管理国家的四十多年里，
没有一个人犯过罪呢！

每个人就像一个音符，大家只有在和谐的
旋律中有序地生活，才能组成美好的社会！

在这样良好的社会风气下，

成语 **礼尚往来**
lǐ shàng wǎng lái
产生了。

意思是在礼节上应该有来有往。后来也指你对我怎么样，我就对你怎么样。**比如，**端午节的时候，你给邻居送甜粽（zòng）子，邻居回送你肉粽子。这样邻里之间礼尚往来的氛围多好呀！

不过好事不长久。 西周后期的几个周天子在位时，

礼崩乐坏
lǐ bēng yuè huài
的苗头开始出现了。

这个成语指维护君臣等级关系而建立的典章制度和礼仪教化受到很大的破坏。

比如**周厉王，**他一上台就搞了个**"专利法"。**

这山，这林，这水，都是天子的！百姓使用要缴重税（shuì）！

周厉王

你确定吗？不怕大家谴（qiǎn）责你吗？

于是百姓**唱歌谴**（qiǎn）**责周厉王：**

硕（shuò）**鼠硕鼠，无食我黍**（shǔ）**！**
三岁贯女（rǔ）**，莫我肯顾。**
逝将去女，适彼乐土。
乐土乐土，爰（yuán）**得我所。**

这首歌被收录在《诗经》里，一共三段，这是第一段。

《诗经》是我国第一部诗歌总集，收集了从西周初期到东周春秋中期的诗歌。很多诗歌反映了周朝的社会状况。常考！你们应该事先准备，常背！

周厉王一听，**怒了！** 对唱歌的百姓一顿杀！

唱歌随你们唱，说我是大老鼠，不行！

周厉王

从此以后，百姓在道路上遇到熟人只能使使眼色，心里有怨气却一句话也不敢说。
这样的情景用成语来说就是

dào lù yǐ mù

道 路 以 目。

形容暴虐的统治让人们不敢开口说话。

长期不说话，怎么忍得住？

召穆（mù）公告诉周厉王——

fáng	mín	zhī	kǒu		shèn	yú	fáng	chuān
防	民	之	口	，	甚	于	防	川

。

意思是堵住人们的嘴，不让人们说话，比堵塞（dǔ sè）河流引起洪水的危害还要大！

但周厉王可听不进去！ 结果是……

百姓冲进他的宫殿！

周厉王吓得赶紧逃跑了。

啊啊啊——真的比洪水还猛啊！

周厉王

哈哈，这下他明白

guǎ	bù	dí	zhòng
寡	不	敌	众

了吧！

"寡"是少的意思。这个成语指人少的一方打不过人多的一方。

可能他跑得太快了，没来得及给孙子周幽（yōu）王讲**"狼来了"**的故事，**结果很糟糕！**

周幽王有个很特别的爱好——**逗美女笑。**

可是，偏偏他的宠妃褒姒（bāo sì）整天板着脸，就不笑。

> 要个我给你笑个？

褒姒

周幽王

为了逗褒姒笑，周幽王贴了个告示，说谁能让她笑就赏谁千金。

有个叫虢（guó）石父的人鬼点子多，他对周幽王说——

融化冰山美人的关键是要点燃她的笑点！

点燃哪儿？

周幽王

虢石父

虢石父要周幽王点燃**烽（fēng）火台上的狼烟**。

周幽王还真照做了！各地诸侯一看见狼烟，
紧赶慢赶地带兵跑过来，结果——

**褒姒笑了，虢石父获得了千金，
周幽王满意了，诸侯们哭了。**

周幽王

哈哈，看他们着急的样子！

褒姒

千金

虢石父

这是在玩《狼来了》"剧本杀"吗？

跑题时间

为什么一点燃烽火，诸侯们就来？

烽火是古代的紧急军事报警信号。西周时，从国都到边塞（biān sài），每隔一段距离就有一座烽火台。一旦敌人有侵（qīn）犯的动作，烽火台上最先发现情况的哨兵就要马上点燃烽火，邻近烽火台的士兵看到后，也相继点火，向附近的诸侯报警。诸侯见到烽火，就知道都城告急、天子有难，他们必须立刻派兵来援救。我们现在熟悉的长城上面就有无数的烽火台。这些烽火台在古代起到了很重要的防卫作用。

点燃烽火后冒出的烟叫"狼烟"，一是因为据说烧的是狼粪（fèn），二是因为古时敌方游牧民族崇尚的图腾是狼，所以当时的中原人管他们叫"狼兵"，为他们而点燃的烽火信号就叫"狼烟"。成语

fēng huǒ sì qǐ
烽火四起、

láng yān sì qǐ
狼烟四起

都跟战争有关，比喻有战事，不平静。

上次是个"玩笑"，可不代表每次都是假的。

有一天，"狼"真的来了！

一个叫犬戎（róng）的游牧民族杀了过来，

周幽王又点起了烽火，**可诸侯们不来了。**

结果不用我说你也知道了吧！

在这个事件里，虢石父出的主意叫

fēng	huǒ	xì	zhū	hóu
烽	火	戏	诸	侯

褒姒那一笑叫

qiān	jīn	yī	xiào
千	金	一	笑

。

这两个成语都留下了，但周幽王的命却丢了！

呜呜，我错了……

周厉王

周幽王

周平王继位后，为了躲避犬戎族的骚（sāo）扰，不得不迁都洛邑（luò yì）。

周朝，不，应该说西周结束了。

那个分两段历史的东周要来了！

福利时间

听，神农的院子里有声音！

嘿，原来动物们在开派对呢！

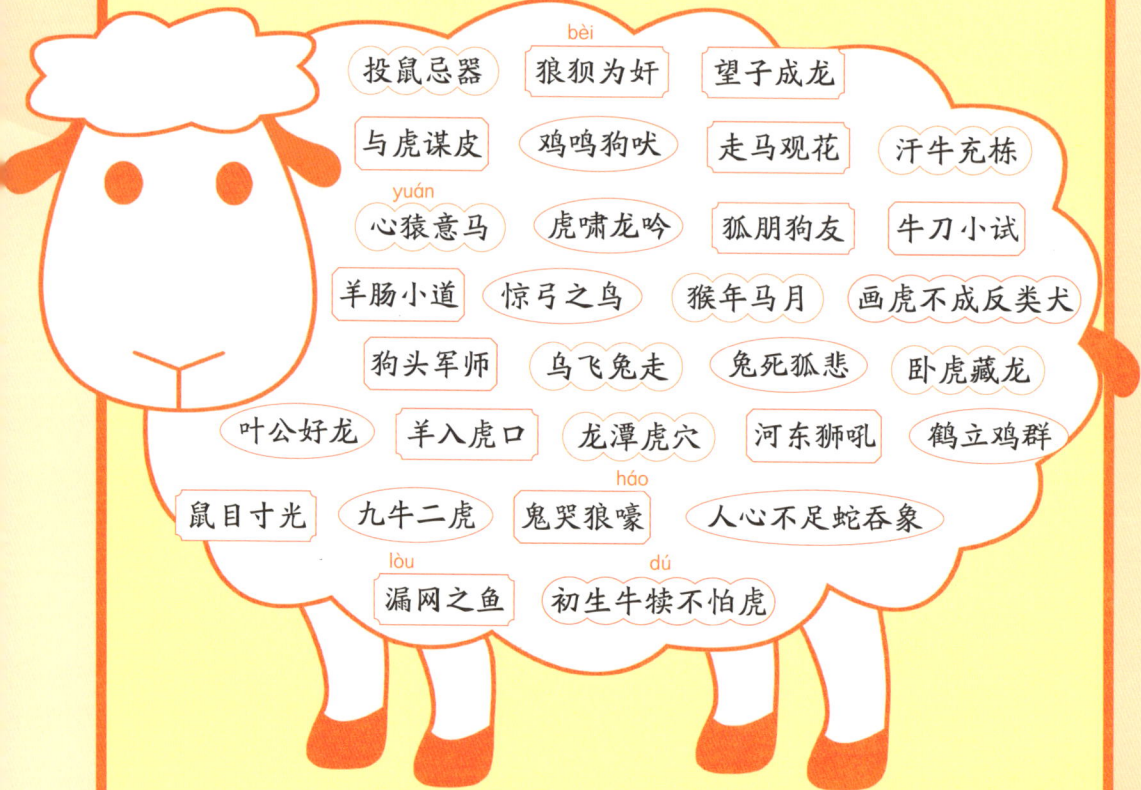

投鼠忌器　狼狈为奸（bèi）　望子成龙

与虎谋皮　鸡鸣狗吠　走马观花　汗牛充栋

心猿意马（yuán）　虎啸龙吟　狐朋狗友　牛刀小试

羊肠小道　惊弓之鸟　猴年马月　画虎不成反类犬

狗头军师　乌飞兔走　兔死狐悲　卧虎藏龙

叶公好龙　羊入虎口　龙潭虎穴　河东狮吼　鹤立鸡群

鼠目寸光　九牛二虎　鬼哭狼嚎（háo）　人心不足蛇吞象

漏网之鱼（lòu）　初生牛犊不怕虎（dú）

你知道"十二生肖"是哪些动物吗？
在上面找到有这些动物的成语，把它们圈出来吧！

参 考 书 目

[1] 方韬译注 . 山海经 [M]. 北京：中华书局，2011.

[2] 王秀梅译注 . 诗经（上下）[M]. 北京：中华书局，2011.

[3] 陈晓芬，徐儒宗，译注 . 论语·大学·中庸 [M]. 北京：中华书局，2011.

[4] 王世舜，王翠叶，译注 . 尚书 [M]. 北京：中华书局，2011.

[5] 陈桐生译注 . 国语 [M]. 北京：中华书局，2011.

[6] 郭丹，程小青，李彬源，译注 . 左传（上中下）[M]. 北京：中华书局，2011.

[7] 方勇译注 . 庄子 [M]. 北京：中华书局，2011.

[8] 方勇译注 . 荀子 [M]. 北京：中华书局，2011.

[9] 方勇译注 . 孟子 [M]. 北京：中华书局，2011.

[10] 叶蓓卿译注 . 列子 [M]. 北京：中华书局，2011.

[11] 高华平等译注 . 韩非子 [M]. 北京：中华书局，2011.

[12] 陆玖等译注 . 吕氏春秋（上下）[M]. 北京：中华书局，2011.

[13] 周海生，王钧林，译注 . 孔丛子 [M]. 北京：中华书局，2009.

[14] 文天译注 . 史记 [M]. 北京：中华书局，2016.

[15] 韩婴 . 韩诗外传集释 [M]. 北京：中华书局，2019.

[16] 陈广忠译注 . 淮南子（上下）[M]. 北京：中华书局，2022.

[17] 〔唐〕欧阳询 . 艺文类聚 [M]. 上海：上海古籍出版社，2013.

[18] 〔宋〕李昉 . 太平御览（上下）[M]. 北京：中华书局，2013.

[19] 〔宋〕李昉 . 太平广记（上下）[M]. 北京：中华书局，2013.

[20] 吕思勉 . 中国通史（第二卷）[M]. 北京：光明日报出版社，2015.

[21] 吕思勉 . 中国通史（第三卷）[M]. 北京：光明日报出版社，2015.

[22] 杨宽 . 中国上古史导论 [M]. 上海：上海人民出版社，2016.

[23] 白至德 . 传说与真实：上古时代：夏商周春秋战国 [M]. 北京：红旗出版社，2017.

[24] 陈至立主编 . 辞海（第七版）[M]. 上海：上海辞书出版社，2020.

[25] 顾颉刚 . 国史讲话·上古 [M]. 上海：上海人民出版社，2015.

[26] 李楠 . 夏商周 [M]. 北京：中国文史出版社，2021.

[27] 乔忠延 . 成语里的中国历史 [M]. 北京：商务印书馆，2017.

[28] 《成语大辞典》编委会 . 成语大词典：彩色本 [M]. 北京：商务印书馆，2013.

[29] 郭志坤，陈雪良 . 成语里的中国通史 [M]. 上海：上海人民出版社，2019.

图书在版编目（CIP）数据

呀，成语就是历史 . 第 1 辑 . 上古 – 西周 . ② / 国潮

童书著 . -- 北京：台海出版社，2023.11

ISBN 978-7-5168-3651-4

Ⅰ . ①呀… Ⅱ . ①国… Ⅲ . ①汉语 – 成语 – 故事 – 少

儿读物 Ⅳ . ① H136.31-49

中国国家版本馆 CIP 数据核字 (2023) 第 184201 号

呀，成语就是历史 . 第 1 辑 . 上古—西周 . ②

著　　者：国潮童书　　　　　　　　　图画绘制：丁大亮
责任编辑：戴　晨

出版发行：台海出版社
地　　址：北京市东城区景山东街 20 号　　　邮政编码：100009
电　　话：010-64041652（发行，邮购）
传　　真：010-84045799（总编室）
网　　址：www.taimeng.org.cn/thcbs/default.htm
E – mail：thcbs@126.com

经　　销：全国各地新华书店
印　　刷：天津海顺印业包装有限公司
本书如有破损、缺页、装订错误，请与本社联系调换

开　　本：710 毫米 ×1000 毫米　　　　1/16
字　　数：500 千字　　　　　　　　　印　张：63
版　　次：2023 年 11 月第 1 版　　　　印　次：2025 年 4 月第 3 次印刷
书　　号：ISBN 978-7-5168-3651-4
定　　价：300.00 元（全 10 册）